ELE
FAN
TES

EDITOR OTAVIO LINHARES

CAPA E PROJETO GRÁFICO FREDE TIZZOT

© 2015, LUCAS MIYAZAKI BRANCUCCI
© 2015, ENCRENCA - LITERATURA DE INVENÇÃO

B816E   BRANCUCCI, LUCAS
        ELEFANTES / LUCAS BRANCCUCI. – CURITIBA :
    ENCRENCA, 2015.
    70 P.

    ISBN 978-85-68601-07-5

    1. POESIA BRASILEIRA. I. TÍTULO.

                                        CDD B869.1

ENCRENCA - LITERATURA DE INVENÇÃO
ALAMEDA PRESIDENTE TAUNAY, 130B. BATEL
CURITIBA - PR - BRASIL / CEP: 80420-180
FONE: (41) 3223-5302
WWW.ENCRENCALITERATURA.COM.BR / ENCRENCALITERATURA@GMAIL.COM

ELEFANTES

LUCAS MIYAZAKI BRANCUCCI

ENCRENCA
LITERATURA DE INVENÇÃO

CURITIBA
2015

RUA
MÉXICO

    Lola e Bel lambem-se
lambiam-se
e jogava-se futebol no campo
minado de cocô
de Lola e Bel
o cheiro de bafo de pedro
que gritava

       rua vazia e parada
feito pedra
pedindo brigadeiro de mãe de gabi
pulou nove meses atrás da janela –

pedra
se transveste em erva
inverno

verão – o
Sol carnudo
e o campo durando até mais

tarde
aberto

não apontando o caminho
um som-súbito

menos azul,
      um céu
mais dobrado
em si,

Lola e Bel
vivendo à toa
suas vida já ganhas e já perdidas
pelo tempo de rua méxico

empedrado

titia rosinha vai morrendo sentada e amarela
na varanda toma uma bolada
na cara
diz
as mãos estão sujas de carvão –

de novo o futebol fodendo as vidas sofridas do
corpo encarnado
Lola e Bel brincavam-se
como os carinhos
os socos de gabi
as mãos
e os dentes sujos
os passos
pezinhos nus de terra
indo embora
      dias tórridos

pensa que é pede
e não pé de moleque (duvidava)
talvez não soubesse ler ainda

BURACO

abrimos um
buraco e tanto
passaria até octávio
pro outro lado
(mas não era amigo)

o que vemos é uma toalha branca
balançando com o
vento

corremos

só as pegadas
os adeuses os cocôs
ficam pra trás
letras riscadas no cimento passando
vazio
tarde demais
já não existe nada –
não se quer ser historiador

CHICLETE

- dá voltas sobre si sem chegar
a consumir-se
- de era da simulação
- pausa entre
o vermelho e verde do semáforo

- inflexão sonora
você mastiga-e-mastiga
sem saber
onde vai parar de barriga vazia
se pergunta
o que
vim fazer aqui
ao embarcar no metrô
por volta das 15 de quarta feira
- caos organizado

nem faz questão da resposta

- senta com a cabeça
na janela vendo seu

reflexo
uma viagem que se faz no corpo
      aqueles sóis seriam longos

- vira uma foto quase
ao sair no degradê da escada

pisa no chiclete

e pensa

o melhor seria jogá-los
no chão mesmo
de cimento
depois de serem achatados
sem
problemas

      - acabam virando chão

OBJETOS

do banco de trás vê
os mesmos pais
em preto-e-branco, diferentes
ainda que conservem
alguns traços
seguem viagem sem dizer muitas coisas
ou o vento abafou tudo
as calçadas cheias
– fogueiras e derivados
pó jornais peles
(o carnaval
e outros presentes)
dobras
pontas
canos e fendas
a velocidade áspera do
ar

cortar
bruscamente
para:

bala-brinde
uma bala de iogurte de morango
passa de mão a outra
vai parar no banco
passageiro dianteiro
vazio
        depois perder-se no chão e chamar
        formigas

por apenas 1 real
levaríamos mais deliciosas balas
poucas das coisas que não
inflacionam

PRODUTO FALSIFICADO

meus olhos me deduram
não fosse mãe, teria só traços italianos
mas o pai mandou poucos genes
nariz batata, bochechas flácidas, pelos grossos
diferente dos galãs
    sonhava ser jogador
no futebol o japa
e no seio da família oriental
um exilado
a boca doce transbordando
brasilidades
    vocábulo contaminado

um paraguaio
sem segmento de mercado
fora da gênese original
os pés órficos buscando um nome
nos seus lábios
de mel

AMARELO

nos enfiamos num carro e vemos
por um quadrado
o mundo passar
como quem visse tudo e pensasse
é real –
pontos materiais de referência
os jornais
as califórnias
ruas tão presentes

a viagem continua –

semáforo fade-out

Café
queremos um café
pedimos o café
combinação de gestos e sons
bem objetivos

       quero café expresso –

proibido
entrar:
       nosso *coração solitário*
       silencioso
       o tempo impiedoso
       dos homens
           – podemos ver
       estão contidos nestas xícaras
       esvaziando-se
       amarelando os dentes
       e ossos todos
           olhos
       mostram-nos campos imensos de futebol
       percorridos sob
       o amarelo –
       incansável cor
       de seus dentes
       estava lá para
       arder
       suar na hora do pênalti
       sofrido

panorâmica:
    – excedente do café
    me toma de surpresa
    diz

        olha como é incerto andar pelas ruas

    a cada cinco vezes recomeça e nada que signi-
    fique
    algo para você apareceu

no metrô senta-se
na última fileira
vultos
por cima de seu
reflexo
desconhecido –

espera a noite vir
só assim
pode dividir com alguém palavras, me es-
quecer
e venho todo de você

até manhãs se tornaram
cinzas
   photoshop
   sua única salvação
inventa o amanhecer
nas palavras

– rodeado de galos
tecendo
produzindo o que realmente aqueceria
o corpo
   sua vó tricotando lãs

voz off:
   descemos do carro
está aqui comigo andando
percebe como tenho dificuldade
sigo mesmo assim
silencioso
sem uma piada
qualquer comentário sobre as coisas
que me cercam
forasteiras
tento ser bem normal, sugere um drinque

faz campeonato de quem preenche
melhor o espaço da
boca
com batatas
– você
comigo aqui
como está
tenho pena
acredita
de ser só isto – não
só isto

DELIMITAÇÃO TERRITORIAL

na montanha de pedra
    se esconde
aguarda

se expõe na pertinência da Lua
abre o peito
para o céu com seu abafado
sopro
agora lerdo de mais para dribles
só nos sonhos mercê a deus

agarra a bola num salto
agarra a mãe para não soltar
até cair no sono
ofegante atravessando
o tempo da pelota
carne expressa
vermelha no ar

último lance
antes de acabar o Sol
nada do que disseram
se vê
olha o homem
feito nos sonhos
o gramado
o estrume

a língua
dentro
conforme envelhece nas suas manias
de Lobo

CASULO

(lamber o próprio corpo
ir para a cidade grande
andar nas ruas de noite
fumar cigarro
enroscar-se no pescoço
da rapariga
andar na garoa
urinar no mato)

TUBOS

uma bicicleta quebrada logo se arruma
– heróis
correm o mundo
como se após arrumá-la
nada mais impede de brecar
uma ladeira imensa na frente
      no topo
de tudo o que existe
os ruídos
as vísceras para ventar a boca
estourando
ainda que as correntes
não estejam 100%
um pouco frouxas, as marchas emperram
conhecem o olimpo –
desdobra-se inteiro
sabem dos buracos
pedras malignas e as curvas
o próprio corpo
      num jogo de pesos justos

na descida há algo de domingo
triste nas primeiras voltas

o vento nos faz largar ali
apostar tudo
deixar a onda devastadora
em tubos nos leve para uma talvez casa
mesmo próxima
não muito depois da esquina – ouvir de dentro uma voz passando de lado
a outro
velha doce familiar
incompreensível
interrompe-nos ecoando e depois palavras
posto que somos homens
na história quietos
morremos cedo, as mãos
loucas
estão mudadas secas duras
os calos fazem pensar que foi o guidão

por fim a terra
a grande inimiga quer também dominar
as coisas
abri-las

no centro
em gengivas roxas, inflamação da pétala macia
à espreita
parada, odiosa
somente esta sua função: derrapar os pneus
na hora do breque e
jogá-los pra fora da bike (fazer de tudo pra isso)
como se é teimoso, desdizer o que a terra quer
jogar pra fora
rasgar as pontas fazer no doer
tirar sangue
voltam marcados
vermelhos
nos joelhos

LIMITES

ao entardecer
passear
nos *limites da cidade*

não passam de bancos de praça
meia dúzia de papéis
dançando
soltos
      e pombas
nunca se sabe
onde vão parar
quando morrem
ao longo das
fronteiras
da nossa incerta liberdade

troco dúzias de
palavras
ainda te conheço
      no meio de nomes
você

responde
sim
está tudo bem sim
e é incrível
que a cidade
continue a resistir

ESPAÇOS
DO BANHO

fechar os olhos
imaginar o que se tem
se faz
nas partículas
– há uma falta apesar
do mundo
estar contido nesse fluxo de
água
unido
um mar que se abraçou
engoliu com sua ressaca coletiva
o corpo
em desfoque
desde as fotos esverdeadas
fazendo adeuses com as mãos

    liquidou-se

a água persiste ser palpável entra o
O2 contido nela

a vontade é de seguir

ABRAÇAR

um jornal ou uma vagina
copo d'água com a mão esticada
com a boca penetrando
astros, brigadeiros
o fogo
estala
fluido imprevisível dos dedos à espreita dos
dias
enganosos
anos de aprendizagem raspando
pedra-a-pedra com sopro ainda
presente
vida nas veias e rios transbordando
pela boca

– o espaço-entre

JORRO
E O MUNDO

unido nos orifícios
da cabeça

o sangue estremece
a potência d'água
atravessa
a voz
ressuscita e borra no papel

um dia tão leve
cada sopro mergulha
nas palavras
bebo hoje
    a alimentação simples

– garfo e faca
abrindo o coração da fruta
na mesa
líquido sereno e obscuro
na minha pedra de
lados frios

fósforo enxofre
pólvora
lâmina
de ouro

na terra
vagando entre sopro

NATUREZA
DA FRUTA

a coluna d'água
    garrafa
    centro do planeta
tocando deus
o nome não é chama água
quarto
madeira profunda
orvalho

nem diamante

O MEL DA MEMÓRIA

colher a vazar-lhe
sons
leva músculos
ossos
pulmões
abertura proteica
no compacto
nó

NOME

qual seria

      os minérios
seus orifícios
fazendo pneus derraparem

espaço entre
minha pele

RASGA
COM O ATRITO

encobrindo
cometas

ao som
a tarde é a cor laranja
preferida do pai
se considerar o verão
quando estamos
a roer os sapatos
cheios
de vida
    estala

(RÉS)

é paixão
funda que abate

signos
vagos
de meter a mão
sobre o papel
ver o cheiro inocente
os cabelos caninos
uma gota d'água
escorrendo
pelos teus peitos
leitosos

na mão segurando o ovo
explodindo-lhe
a potência
dos dedos
delicados orientais sem esconder a merda
que trazem junto
    vocação de mangue

pobre
cachaça rua pênis
cachorrice
teus lençóis azedos na manhã
o Sol inútil
atravessando a janela
estupro contido
em cada linha
da história

CHÃO

tremendo os pés
    estala
madeira estala
(a teimosia de foder os dedos bêbados na
porta
proibida)

rebenta a luz

olho dilatando anéis
seu bafo
estala a cachorra olhando-te no
olho
pedindo teu lugar habitual
dom de terra
a escutar-te

    quando volta?

debaixo do sol,
ele esforça-se por entender a nova mecânica
dos espaços e movimentos

ELEFANTES

habitam lugares improváveis
enquanto estamos longe
uma vida inteira
circulando sonhos
carregados
a pisar matos nunca filmados
suas patas matando formigas
presas furando o ar

em nossa distância
seus traços são exatos
nos raios
nos cortes absolutos

QUATRO COLUNAS

sustentando
o templo rústico
copo livros
revolver
ponta noturna
o que levaria ao
disparo?
grande questão da física
alex nunca conseguiu explicar
a energia
aos alunos
esperando o momento
para domar a
    explosão certa

EU ESCREVO
NO BARRO

um bilhete à mãe dizendo
estive aqui
já que pude caminhar mais
rápido
pela trilha
o céu está azul-
turquesa mãe
apesar
de haver algumas
peles
entre nós
difícil estar nu
talvez só as pedras
escondendo só
pedra

encontro a linha de chegada,
já soubesse há muito
andando mais rápido:

a diferença entre vocês é o
delta-t
explicação de tudo
senta-se numa pedra
e espera
sem ter nada
a fazer

É OBSCURO
PENSAR
O SOL
COMO ESTRELA

      não fossem os programas científicos da tv
          pré-fabricados
meu tio talvez dizendo
com as mãos
giramos
em torno
da grande
    estrela

o mais provável é sua cor
amarela
seus tons
laranjas quando se põe
poderíamos dizer
é o macho

da Lua
ou as formas do corpo
do menino
às vezes ausente
sua confiança no dia
a mochila nas costas
      coluna muito ereta
no chão em sombra

ELA NUNCA TEVE COR FAVORITA

dizia azul por causa da maria madalena
rosa
de amor vermelho
do cristo
eu digo sempre verde

o carvão preto
o papel grosso
tintas aquarelas
ovo podre
e mal podia controlar
o traço
do pincel
      espalhava-se
      pela
           folha-mar

nos diluía também?
— o que eu gostaria de saber

azuis e verdes cruzando-se
mesmo sem querer
quando andamos pro mesmo
lugar
onde enterramos o tesouro
do esquecimento

NASCENTE

a rara natureza
mora na sua carne de mel
no segredo de seus lábios-
rio
      – extremidades do sentido –
lá
onde nasce o som

MINHA MORTE
ABSOLUTA VEM

       cheia de jaguatiricas necessárias
       jatobás, orvalhos e decomposições
       mais do que minha
       potência
       de assinaturas em papéis
       ventania de rebentar pipas
       erguer minha a casa tão pregada
       à terra
       às mínimas partículas

ONDE ESTÁ

o lindo par de chuteiras joga-10
quando vizinha lúcia
em voz alta lê
de fato
as letras na recreio?

e toda aquela vida radical
onças pintadas micos-leões
elefantes loxodonta
baleias azuis fotógrafos?

tudo iria por agua'baixo
num piscar
de olhos se um cometa
encontrasse a terra macia
e gostosa

pontos de Sol
frutos pendendo nos galhos
abóboras
vagando à toa anas lindas

dilacerando-se
se eu fosse um cometa destruísse
apenas aranhas
gritos
velhas sapatos valises
ruas de cimento
guarda-chuva professores
faria cicatrizes na pele
abrindo-se fenda
ao meio
    a areia
    e o mar

JÁ CHEGÁVAMOS TARDE

na terra
pactos duravam pra sempre
o combinado era pegar apenas
um macho da manada
deixar as fêmeas
se reproduzirem
o que aconteceu
nesse meio?

ouço tarde
    – pulsação da luz –
seríamos o cometa
mera questão de nome
tantas coisas pros olhos
nas tardes
de pedra
após o programa sobre áfrica

e o ar sempre esteve
a nos enroscar
com suas
caldas de bicho maior
passando

dedico a meu pai

Notas:
A frase: "Debaixo do sol, ele esforça-se por entender a nova mecânica dos espaços e movimentos" foi tirada do livro de contos *Os passos em volta*, de Herberto Helder.